세종특별자치시교육청

교육공무직원 및 특수운영직군

필기시험

KB116047

제 1 회	영 역	국어 – 초등돌봄전담사, 특수교육실무사, 간호사, 국제교육코디네이터 학교업무 이해하기 – 교무행정사 일반상식(사회, 한국사) – 공통
	문항수	과목별 25문항씩 총 50문항
	시 간	80분
	비 고	객관식 4지선다형

SEOWONGAK
(주)서원각

제1회 기출동형 모의고사

[직종별] 국어

1 다음 제시된 단어의 관계가 반의 관계인 것은?

① 희망 – 기원
② 옷 – 바지
③ 죽음 – 삶
④ 걸음 – 보행

2 ㉠과 ㉡에 들어갈 말로 알맞은 것은?

> 한글 맞춤법은 표준어를 (㉠)대로 적되, (㉡)에 맞도록 함을 원칙으로 한다.

① ㉠ : 소리 　　　㉡ : 어법
② ㉠ : 발음 　　　㉡ : 문법
③ ㉠ : 어법 　　　㉡ : 소리
④ ㉠ : 문법 　　　㉠ : 발음

3 다음 중 단어의 형성 원리가 다른 것은?

① 군식구　　　　② 돌다리
③ 헛웃음　　　　④ 건어물

4 다음 중 띄어쓰기가 옳지 않은 것은?

① 기준은 그대로 주저 앉아버렸다.
② 엄마는 나가면서까지도 잔소리를 해댔다.
③ "그래" 하고 말하는 목소리가 슬펐다.
④ 내 나름대로 한다고 한 것인데 그의 마음에 들지 않은 모양이다.

5 다음 중 준말의 형태가 바르지 않은 것은?

① 기러기야 – 기럭아
② 가지고 – 갖고
③ 무엇을 – 무에
④ 나는 – 난

6 다음 중 음의 첨가로 볼 수 없는 것은?

① 식용유[시굥뉴]
② 샀일[삽닐]
③ 물약[물략]
④ 미닫이[미다지]

7 다음 밑줄 친 부분 중 한글 맞춤법에 따라 바르게 표기된 것은?

① 시간이 <u>넉넉치 않은</u>데도 옷을 몇 번이나 갈아입었다.
② <u>간편케</u> 접은 옷가지들이 빼곡했다.
③ 드넓은 갯벌이 <u>들어나자</u> 사람들이 하나둘 바지를 걷고 갯벌로 들어갔다.
④ 이것이 당신이 찾던 <u>것이요.</u>

8 다음 밑줄 친 것과 쓰임이 같은 것은?

> 그저 조그마한 보탬이라도 되고자 하는 뜻<u>에서</u> 행한 일이다.

① 우리는 아침에 도서관<u>에서</u> 만나기로 하였다.
② 서울<u>에서</u> 몇 시에 출발할 예정이냐?
③ 고마운 마음<u>에서</u> 드리는 말씀입니다.
④ 정부<u>에서</u> 실시한 조사 결과가 발표되었다.

9 띄어쓰기가 가장 옳지 않은 것은?

① 연희가 나하고 친한 것을 모르는 사람이 없다.

② 배가 불러도 먹을 수밖에 없었다.

③ 회사에 가는김에 엄마도 병원에 내려주었다.

④ 하늘이 흐린 게 비가 올 성싶다.

10 다음 중 로마자 표기법에 따른 표기가 바르지 못한 것은?

① 백암 – Baegam

② 울릉 – Urreung

③ 칠곡 – Chilgok

④ 설악 – Seorak

11 다음 중 외래어 표기법에 따라 바르게 표기된 것으로만 묶인 것은?

① 서비스, 스탬프, 데스크, 벌브

② 리더쉽, 소시지, 재즈, 슈림프

③ 지그재그, 시그널, 플래시, 로브스터

④ 쇼핑, 아이새도우, 잉크, 스윙

12 한글 맞춤법에 관한 다음의 규정이 적용된 예시로 바르지 않은 것은?

> 부사의 끝음절이 분명히 '이'로만 나는 것은 '-이'로 적고, '히'로만 나거나 '이'나 '히'로 나는 것은 '-히'로 적는다.

① 간편이

② 극히

③ 가붓이

④ 반듯이

13 다음 빈칸에 공통으로 들어갈 단어로 적절한 것은?

> • 민주 정치의 (   )은 고대 그리스에서 출발한다.
> • 합격을 바라는 간절한 (   )이 담겨 있었다.
> • 택이는 (   )에 가서 바둑을 두는 것이 유일한 일과였다.

① 희망

② 소망

③ 염원

④ 기원

14 다음 중 복수 표준어가 아닌 것은?

① 돼지감자 – 뚱딴지

② 들락거리다 – 들랑거리다

③ 여태껏 – 여직껏

④ 보조개 – 볼우물

15 어문 규정에 어긋난 것으로만 묶인 것은?

① 기여하고저, 뻐드렁니, 돌('첫 생일')

② 퍼붇다, 처부수다, 수퇘지

③ 안성마춤, 삵괭이, 더우기

④ 고삳, 일찍이, 굶주리다

16 관용 표현이 사용되지 않은 문장은?

① 사람들은 폭설 때문에 공항에 발이 묶였다.

② 재하는 선물이 마음에 들었는지 입이 귀에 걸렸다.

③ 미영이는 한 손으로 농구공을 잡을 만큼 손이 크다.

④ 두 사람은 손발이 맞아 무슨 일이든 빨리 끝낸다.

17 다음 주어진 글의 중심 내용으로 적절한 것은?

전문적 읽기는 직업이나 학업과 관련하여 전문적으로 글을 읽는 방법을 말하는데, 주제 통합적 독서와 과정에 따른 독서가 여기에 포함된다.

주제 통합적 독서는 어떤 문제를 해결하려고 주제와 관련된 다양한 글을 서로 비교하여 읽고 자신의 관점을 정리하는 것을 말한다. 보고서를 쓰려고 주제와 관련된 여러 자료를 서로 비교하면서 읽는 것을 그 예로 들 수 있다.

과정에 따른 독서는 '훑어보기, 질문 만들기, 읽기, 확인하기, 재검토하기' 등과 같은 순서로 읽는 방법을 말한다. 훑어보기 단계에서는 제목이나 목차, 서론, 결론, 삽화 등을 보고 내용을 예측하면서 대략적으로 훑어본다. 질문하기 단계에서는 훑어보기를 바탕으로 궁금하거나 알고 싶은 내용들을 스스로 질문한다. 질문은 육하원칙(누가, 무엇을, 언제, 어디서, 왜, 어떻게)을 활용하고, 메모해 두는 것이 좋다. 읽기 단계에서는 훑어보기와 질문하기 내용을 염두에 두고 실제로 글을 읽어 나간다. 확인하기 단계에서는 앞의 질문하기 단계에서 제기한 질문들에 대한 내용을 확인하거나 메모한다. 재검토하기 단계에서는 지금까지 진행한 모든 단계들을 종합하여 주요 내용들을 재검토하여 정리하고 확인한다.

① 학업과 관련한 독서 방법
② 과정에 따른 독서의 순서
③ 전문적 읽기 방법
④ 주제 통합적 독서의 중요성

18 다음 글을 순서에 맞게 배열한 것은?

㈎ 하지만 좀 더 거슬러 올라가면 이 불평등은 각 대륙의 발전 속도가 다른 것에서 유래했다.

㈏ 그리고 각 대륙의 발전 속도의 이러한 차이를 가져온 것이 궁극적으로 지리 및 생태적 환경이었다.

㈐ 더 나아가 그는 생태적 요인이 인간 사회에 어떻게 영향을 미치는지를 비교적 자세히 설명하였다.

㈑ 다이아몬드에 따르면, 1500년경 유럽에서 발달된 과학 기술과 정치 조직이 현대 세계의 불평등을 낳았다.

① ㈑ – ㈐ – ㈎ – ㈏
② ㈑ – ㈐ – ㈏ – ㈎
③ ㈑ – ㈎ – ㈐ – ㈏
④ ㈑ – ㈎ – ㈏ – ㈐

19 다음 글을 읽고 알 수 있는 내용으로 적절할 것은?

억양은 소리의 높낮이의 이어짐으로 이루어지는 일정한 유형이라고 할 수 있다. 동일한 문장이라도 억양을 상승 조로 하느냐 하강 조로 하느냐에 따라 의문문도 되고 평서문도 된다. 이 경우 억양은 문장의 유형을 결정하는 문법적 기능을 담당한다. 또 억양은 이러한 문법적 기능 이외에 화자의 태도와 의미를 드러내기도 한다. 하강 억양은 완결의 뜻을, 상승 억양은 비판의 뜻을 나타낸다. 억양에는 이처럼 발화 태도와 의미가 드러나 있기 때문에, 이를 잘 이해해야 정확한 뜻을 전달할 수 있다.

① 억양은 주로 사투리에서만 구현된다.
② 상승 억양에는 화자의 비판적 태도와 의미가 담길 수 있다.
③ 소리의 장단에 따라 동일한 문장이라도 의문문이 되기도 평서문이 되기도 한다.
④ 억양은 작가의 태도를 담아내기 때문에 글을 이해하는 데 중요하다.

20 다음 글의 빈칸에 들어갈 문장으로 가장 적절한 것은?

나무 도마는 칼을 무수히 맞고도 칼을 밀어내지 않는다. 상처에 다시 칼을 맞아 골이 패고 물에 쓸리고 물기가 채 마르기 전에 또 다시 칼을 맞아도 리드미컬한 신명을 부른다. 가족이거나 가족만큼 가까운 사이라면 한 번쯤 느낌직한, 각별한 예의를 차리지 않다 보니 날것의 사랑과 관심은 상대에게 상처주려 하지 않았으나 상처가 될 때가 많다. 칼자국은 (   ) 심사숙고하는 문어체와 달리 도마의 무늬처럼 걸러지지 않는 대화가 날것으로 살아서 가슴에 요동치기도 한다. 그러나 칼이 도마를 겨냥한 것이 아니라 단지 음식재료에 날을 세우는 것일 뿐이라는 걸 확인시키듯 때론 정감 어린 충고가 되어 찍히는 칼날도 있다.

① 나무 도마를 상처투성이로 만든다.
② 문어체가 아닌 대화체이다.
③ 세월이 지나간 자리이다.
④ 매섭지만 나무 도마를 부드럽게 만든다.

21 다음 글을 읽고 알 수 있는 내용으로 적절하지 않은 것은?

사람의 손가락과 손바닥, 발바닥 등에는 작은 산과 계곡 모양의 선들로 이루어진 무늬가 있다. 이러한 피부의 무늬는 무늬가 있는 위치에 따라 손가락에 있는 지문(指紋), 손바닥에 있는 장문(掌紋), 발바닥에 있는 족문(足紋) 등으로 나뉜다. 이 중 지문은 손가락 안쪽 끝에 있는 피부의 무늬나 그것이 남긴 흔적을 말한다.

지문은 태아가 4~6개월째에 접어들면서 만들어지는데, 그 형태는 대개 유전자에 의해 결정된다. 하지만 엄마 뱃속에서의 태아의 위치나 태아가 받는 압력 등도 지문의 모양이 만들어지는 데 영향을 준다. 그래서 유전자가 같은 일란성 쌍둥이조차 지문이 서로 다르다.

두 사람의 손가락에 있는 지문이 일치할 수 있는 확률은 억지로 계산해도 640억분의 1 정도라고 하니, 전 세계에서 지문이 같은 사람은 없다고 해도 과언이 아니다. 심지어 한 사람의 왼손과 오른손의 지문도 다르다. 지문의 이러한 특성 때문에 최근에는 범죄 수사나 신분 확인을 위한 보안 기술에 지문이 적극적으로 활용되고 있다.

① 발바닥에도 지문과 유사한 무늬가 있다.
② 지문은 아기가 엄마의 뱃속에 있을 때 만들어진다.
③ 유전자가 같다고 해도 지문의 모양은 다르다.
④ 지문을 활용한 보안 기술은 아직 구현되지 않았다.

22 ㉠에 사용된 설명 방법으로 적절한 것은?

빠르게 일을 처리하려는 문화는 어쩌면 사계절이 뚜렷하고 농경이 중시되었던 우리나라에 신이 내린 축복인지도 모른다. 전통 농경 사회에서는 계절이 바뀔 때마다 다음 작업을 곧바로 준비해야 했기에 우리 조상은 빠른 속도가 몸에 밸 수밖에 없었을 것이다.

목표가 있어야 가는 길을 재촉하고, 꿈이 있어야 세월을 재촉한다고 했다. '빨리빨리'라는 말은 이처럼 자신이 설정한 목표나 꿈에 이르게 하는 열정을 드러낸다. 또 그 열정은 우리가 어떤 분야에서 성공하기 위해 반드시 필요한 요소임이 틀림없다. 이와 같은 '빠름'의 경쟁력과 열정은 우리나라가 세계 최고를 바라보고 달려 나갈 수 있도록 돕는 ㉠희망의 윤활유 아닐까.

① 정의   ② 비유
③ 대조   ④ 인용

23 다음 글의 글쓴이의 주장으로 가장 적절한 것은?

현대의 자본주의 사회에서 경쟁은 '빨리빨리'를 전제한다. 가장 빠른 자가 경쟁에서 이기는 경우가 많기 때문이다. 그래서 많은 사람이 속도, 그것도 가속도를 삶의 원리로 삼고 있다. 하지만 우리는 이 사회의 요구에 맞추어 빠른 속도로 생산·소비하며 살아가는 가운데 정작 중요한 것을 잃어버리고 있다. 가령 참된 의미의 사랑, 우정, 교육, 예술, 학문 같은 것을 우리는 모두 상실하고 있는 것이 아닐까?

'빨리빨리'에 반대되는 행동으로 '느리게'를 중시하자는 것이 아니다. 지금부터라도 우리는 '빨리빨리'가 아니라 '적정 속도'를 생각하며 살아야 한다. 이는 막연한 타협이나 적당한 중간을 뜻하지 않는다. 그 기준은 현대의 사회와 문화가 지닌 속도의 과도함을 비판적으로 인식하고, 그 한계를 깊이 자각하는 태도를 통해 스스로 세울 수 있다.

– 박홍규, 「진정한 의미의 속도」 –

① 현대 자본주의는 '빨리빨리'만을 요구한다.
② 가장 빠르다는 것과 경쟁의 승리는 직결되는 것이다.
③ 과도한 속도에서 벗어나 온전한 스스로를 세워야 한다.
④ 현대의 빠름 속에서 우리는 많은 가치의 참된 의미를 깨닫는다.

세상에 개미가 얼마나 있을까를 연구한 학자가 있습니다. 전 세계의 모든 개미를 일일이 세어 본 절대적 수치는 아니지만 여기저기서 표본 조사를 하고 수없이 곱하고 더하고 빼서 나온 숫자가 10의 16제곱이라고 합니다. 10에 영이 무려 16개가 붙어서 제대로 읽을 수조차 없는 숫자가 되고 맙니다.

전 세계 인구가 65억이라고 합니다. 만약 아주 거대한 시소가 있다고 했을 때 한쪽에는 65억의 인간이, 한쪽에는 10의 16제곱이나 되는 개미가 모두 올라탄다고 생각해 보십시오. 개미와 우리 인간은 함께 시소를 즐길 수 있습니다. 이처럼 엄청난 존재가 개미입니다. 도대체 어떻게 개미가 이토록 생존에 성공할 수 있었을까요? 그건 바로 개미가 인간처럼 협동할 수 있는 존재라서 그렇습니다. 협동만큼 막강한 힘을 보여 줄 수 있는 것은 없습니다.

하나만 예를 들겠습니다. 열대에 가면 수많은 나무들이 조금이라도 더 햇볕을 받으려고 서로 얽히고설켜 빽빽하게 서 있습니다. 이 나무들 중에 개미가 집을 짓고 사는 아카시아 나무가 있는데 자그마치 6천만 년 동안이나 개미와 공생을 해 왔습니다. 아카시아 나무는 개미에게 필요한 집은 물론 탄수화물과 단백질 등 영양분도 골고루 제공하는 대신, 개미는 반경 5미터 내에 있는 다른 식물들을 모두 제거해 줍니다. 대단히 놀라운 일이죠. 이처럼 개미는 많은 동식물과 서로 밀접한 공생 관계를 맺으며 오랜 세월을 살아온 것입니다.

진화 생물학은 자연계에 적자생존의 원칙이 존재한다고 말합니다. 하지만 적자생존이란 어떤 형태로든 잘 살 수 있는, 적응을 잘하는 존재가 살아남는다는 것이지 꼭 남을 꺾어야만 한다는 뜻은 아닙니다. 그동안 우리는 자연계의 삶을 경쟁 일변도로만 보아온 것 같습니다. 자연을 연구하는 생태학자들도 십여 년 전까지는 이것이 자연의 법칙인 줄 알았습니다. 그런데 이 세상을 둘러보니 살아남은 존재들은 무조건 전면전을 벌이면서 상대를 꺾는 데만 주력한 생물이 아니라 자기 짝이 있는, 서로 공생하면서 사는 종(種)이라는 사실을 발견한 것입니다.

― 최재천, 「더불어 사는 공생인으로 거듭나기」 ―

24 화자의 주장으로 가장 적절한 것은?

① 개미들의 생존방법은 협동이다.
② 자연계의 생물들이 공생하며 살아가는 것이 중요하다.
③ 개미는 아카시아 나무에 기생한다.
④ 적자생존의 원칙은 불변의 진리이다.

25 위 글의 내용으로 적절하지 않은 것은?

① 개미는 아카시아 나무와 공생관계이다.
② 개미는 협동하는 능력을 지니고 있다.
③ 오랜 시간 살아남기 위해서는 자신만의 특별한 공격력이 있어야 한다.
④ 적자생존이 꼭 남을 꺾어야만 한다는 뜻은 아니다.

[직종별] 학교업무 이해하기

1 세종교육 정책 기본 방향이 아닌 것은?

① 미래교육　　　　　② 혁신교육
③ 책임교육　　　　　④ 지식교육

2 세종교육의 지표로 옳은 것은?

① 새로운 학교 행복한 아이들
② 새로운 세종 행복한 학생들
③ 행복한 학교 생각하는 아이들
④ 생각하는 사람 참여하는 시민

3 세종시교육청 본청기구 중 '교육행정국'에 속하는 '과'가 아닌 것은?

① 운영지원과
② 행정지원과
③ 교원인사과
④ 교육시설과

4 부교육감을 임명하는 사람은?

① 대통령　　　　　② 교육부장관
③ 국무총리　　　　④ 교육감

5 다음 중 교육감의 관장사무가 아닌 것은?

① 예산안의 편성 및 제출에 관한 사항
② 교육과정의 운영에 관한 사항
③ 과학·기술교육의 진흥에 관한 사항
④ 수업 실태 분석 및 개선 연구

6 법, 법령, 법규의 개념에 대한 설명으로 옳지 않은 것은?

① 법 : 국가의 공권력에 의해 그 이행이 강제되는 규범
② 법률 : 국회의 의결을 거쳐 대통령이 서명 공포한 법
③ 법규 : 보통 법률과 명령(대통령령, 총리령, 부령)
④ 교육법규 : 교육에 관한 사항을 규정하고 있는 모든 법 규범

7 학교의 장은 학생의 학업성취도와 인성(人性) 등을 종합적으로 관찰·평가하여 학생지도 및 상급학교의 학생 선발에 활용할 수 있는 자료를 교육부령으로 정하는 기준에 따라 작성·관리하여야 한다. 다음 중 이 자료에 해당하는 것을 모두 고르면?

> ㉠ 인적사항
> ㉡ 학적사항
> ㉢ 출결상황
> ㉣ 자격증 및 인증 취득상황
> ㉤ 교과학습 발달상황
> ㉥ 행동특성 및 종합의견

① ㉠, ㉡, ㉢, ㉣
② ㉠, ㉡, ㉢, ㉣, ㉤
③ ㉠, ㉡, ㉢, ㉣, ㉥
④ ㉠, ㉡, ㉢, ㉣, ㉤, ㉥

8 「학교생활기록 작성 및 관리지침」 제7조에 따른 인적·학적사항에 대한 설명으로 옳은 것은?

① '학생정보'란에는 성명, 성별, 주민등록번호와 졸업 당시의 주소를 입력하되, 재학 중 주소가 변경된 경우 변경된 주소를 누가하여 입력한다.
② 중·고등학교에서는 입학 전 전적학교의 졸업연월일과 학교명을 입력하며, 검정고시 합격자는 합격 연월일과 '최종 학력 검정고시 합격'이라고 입력한다.
③ 재학 중 학적변동이 발생한 경우 전출교와 전입교에서 각각 학적변동이 발생한 일자, 학교와 학년, 학적변동 내용을 입력한다.
④ '특기사항'란에는 학적변동의 사유를 입력한다. 특기사항 중 학교폭력과 관련된 사항은 「학교폭력 예방 및 대책에 관한 법률」 제17조에 따른 피해학생에 대한 조치사항을 입력한다.

9 다음 빈칸에 들어갈 내용으로 적절한 것은?

> 귀국학생 등이 조기진급 등에 관한 규정 제5조에 따른 조기 진급·졸업·진학 평가위원회가 실시하는 교과목별 이수인정평가의 결과에 따라 학년을 정하여 재취학·편입학하는 경우 에는 재취학 및 편입학 당시 해당학년의 수학가능성을 인정한 것 이므로 수업일수가 당해 학년도 수업일수의 _____ 이상에 미달하여도 해당학년 수료에 영향을 받지 아니한다.

① 2분의 1
② 3분의 1
③ 3분의 2
④ 4분의 1

10 다음 빈칸에 들어갈 내용으로 적절한 것은?

> 학교생활기록부(학교생활기록부 I)는 해당학생 졸업 후 ___ 동안 학교에서 보존·관리하고 이후 관할 교육청 자료관으로 이관하여 '기록물전문관리기관'으로 이관하기 전까지 보존·관리하여야 한다.

① 3년
② 5년
③ 7년
④ 10년

11 학교생활기록부 기재요령에 대한 설명으로 옳은 것은?

① 언제, 어떤 역할로, 어떤 활동을, 어떻게 수행해서, 그 결과가 어떠하였는지를 가급적 구체적으로 입력하며, 정량적인 기록이 가능한 경우 횟수도 입력한다.

② 학교생활기록부 영역별 특기사항은 주관적 사실 위주로 기재하되, 과도한 기재를 막고 개인의 특성이 드러나는 핵심사항을 중심으로 충실히 기재한다.

③ 학교생활기록부의 문자는 한글로 입력하되, 부득이한 경우 한자로 입력할 수 있다.

④ 전입교에서는 전입 일주일 이내에 교육정보시스템으로 원적교에 전입생 자료를 요청한다.

12 학교생활기록부 정정대장 작성방법에 대한 설명으로 옳지 않은 것은?

① 학교생활기록부 정정대장 작성은 정정 항목별로 구분하여 작성한다.

② 학교생활기록부 정정대장은 반드시 학교장의 결재를 받아야 한다.

③ 학교생활기록부 정정대장 작성 시 정정사항의 오류내용, 정정내용, 정정사유는 구체적으로 입력하여 정정한 내용을 쉽게 파악할 수 있도록 한다.

④ 학교생활기록부 정정대장은 전출·입시나 입학전형을 실시하는 상급학교에 온라인으로 전송된다. 이때, 인적사항의 정정 내용도 포함된다.

13 「세종특별자치시교육감 소속 교육공무직원의 채용 및 관리 조례 시행규칙」에 근거할 때 교육공무직원 채용은 누가 하는 것이 원칙인가?

① 교육감
② 교육부장관
③ 기관장
④ 학교장

14 교육공무직원 인사관리 중 채용에 대한 설명으로 잘못된 것은?

① 일반원칙 : 공개 채용

② 요건 및 대상 : 정원변동, 중도 퇴직 등 결원 발생에 따른 충원이 필요한 경우

③ 채용권자 : 교육감

④ 근로계약 체결 : 학교장과 직접 계약 체결

15 다음에서 설명하는 것은?

> 조직구성원의 근무실적이나 직무수행 능력, 직무수행태도 등을 체계적, 객관적, 정기적으로 평가하여 공정한 인사관리의 기초자료를 제공하는 인사행정활동

① 인사관리
② 채용
③ 근무성적평정
④ 교육훈련

16 근무성적평가 업무의 흐름으로 옳은 것은?

① 평가계획 수립 → 평가 실시 → 평가결과 집계 → 평가결과 제출
② 평가계획 수립 → 평가 실시 → 평가결과 제출 → 평가결과 집계
③ 평가 실시 → 평가계획 수립 → 평가결과 집계 → 평가결과 제출
④ 평가 실시 → 평가결과 집계 → 평가결과 제출 → 평가계획 수립

17 다음 중 징계의 사유에 해당하지 않는 것은?

① 취업규칙 또는 취업규칙에 의한 명령이나 지시를 위반한 경우
② 고의 또는 과실로 시설, 기물, 집기 등을 훼손시킨 경우
③ 벌금 이상의 유죄 판결이 확정된 경우
④ 직무관련자로부터 금품, 향응 등을 제공 받은 경우

18 교육공무직원이 원에 의하여 퇴직하고자 할 때에는 퇴직하고자 하는 날의 며칠 전까지 채용권자에게 사직원을 제출하고 승인을 받아야 하는가?

① 7일
② 10일
③ 15일
④ 30일

19 근로시간 관리에 대한 설명으로 옳지 않은 것은?

① 결근이란 직원이 근로를 제공하기로 정한 소정 근로일에 근로를 제공하지 않는 것이다.
② 질병 및 부득이한 사유로 지각, 조퇴 또는 외출하고자 할 때에는 사전에 승인을 받아야 한다.
③ 결근은 사후 승인이 있더라도 연차유급 휴가로 대체가 불가능하다.
④ 업무와 관련하여 출장을 하고자 하는 때에는 사전에 허가를 얻고, 출장여비는 공무원 여비규정에 따라 지급한다.

20 다음 빈칸에 들어갈 내용이 순서대로 바르게 연결된 것은?

> 임신 중의 여성 근로자에 대하여 출산 전·후를 통하여 ____일(쌍생아 이상의 경우 ____일)의 출산 전·후 휴가를 부여하여야 하며(휴일 등 포함), 이 경우 출산 후의 휴가기간은 ____일(쌍생아 이상의 경우 ____일) 이상이 되어야 한다.

① 90, 120, 30, 40
② 90, 120, 45, 60
③ 120, 150, 40, 50
④ 120, 150, 60, 75

21 육아휴직 대상자로 옳은 것은?

① 만 6세 이하의 자녀를 가진 여자 근로자
② 만 6세 이하의 자녀를 가진 남녀 근로자
③ 만 8세 이하의 자녀를 가진 여자 근로자
④ 만 8세 이하의 자녀를 가진 남녀 근로자

22 다음 중 '나이스'의 주요 단위업무가 아닌 것은?

① 교무/학사
② 방과후 학교
③ 통합자산관리
④ 인사·복무

23 나이스 업무승인 용어 설명으로 잘못된 것은?

① 상신 : 결재권자에게 작성 완료된 문서에 대하여 결재를 올림
② 기결문서취소 : 결재 완료된 문서에 대하여 기안자가 결재 취소함
③ 미결 : 결재권자에 의해 결재가 완료됨
④ 반려 : 결재권자가 문서의 수정 등을 위해 기안자에게 되돌려 보냄

24 다음 중 공문서 작성 시 잘못된 부분을 바르게 고친 것이 아닌 것은?

① 한국인터넷진흥원(KISA)과 금융보안원이 금융 생태계 조성을 위한 MOU를 체결했다.
  → 'MOU'는 일반 국민이 이해하기 어려우므로 '업무협정(MOU)'로 표기한다.

② 사회적 약자를 위한 인프라 구축이 시급하다.
  → 되도록 이해하기 쉬운 우리말을 쓰는 것이 좋으므로 '인프라'를 '기반 시설'로 수정한다.

③ 모든 지방자치단체의 적극적인 협조가 요구된다.
  → '지방자치단체'는 언어의 경제성을 해치므로 '지자체'로 줄여서 쓴다.

④ 내수진작을 위한 특단의 조치가 필요하다.
  → '내수진작' 보다는 이해하기 쉬운 '국내 수요를 높이기'로 수정한다.

25 학교회계 운영의 일반원칙으로 옳지 않은 것은?

① 예산총계주의 원칙
② 비공개의 원칙
③ 회계연도 독립의 원칙
④ 수입의 직접 사용 금지의 원칙

[공통] 일반상식(사회, 한국사)

1 경기침체 시 정부의 해결방안으로 바르지 않은 것은?

① 재할인율 인상
② 지급준비율 인하
③ 금리와 세율 인하
④ 유가증권 매입

2 원화의 가치가 하락할 때 일어나는 현상은?

① 외채상환 부담이 감소한다.
② 물가가 하락한다.
③ 해외여행에 유리하다.
④ 통화량이 증가한다.

3 다음이 설명하고 있는 현상은?

> 문화변동의 속도와 관련하여 비물질적인 제도나 가치의 변화가 물질적 측면의 변화를 따르지 못해 간격이 점점 커지는 현상으로, 여러 가지 사회문제를 야기하는 원인이 된다.

① 문화진화　　　　　② 문화개혁
③ 문화지체　　　　　④ 문화접변

4 다음이 설명하고 있는 사회구조의 관점은?

> ㉠ 기득권층의 이익을 중시하는 보수적 관점이다.
> ㉡ 사회변동이나 개혁의 중요성을 소홀히 여긴다.

	㉠	㉡
①	기능론적 관점	기능론적 관점
②	갈등론적 관점	기능론적 관점
③	기능론적 관점	갈등론적 관점
④	갈등론적 관점	갈등론적 관점

5 권리에 대한 설명 중 바르지 않은 것은?

① 국민의 모든 자유와 권리는 국가안전보장, 질서유지, 공공복리를 위해 필요한 경우에 한하여 법률로써 제한할 수 있다.

② 사유재산권은 공공복리에 적합하도록 하여야 한다.

③ 권리의 행사와 의무의 이행은 신의에 좋아 성실히 하여야 한다.

④ 권리와 의무와 주체는 자연인에 한한다.

6 헌법에 명시된 임기에 관한 내용 중 옳지 않은 것은?

① 국회의원의 임기는 4년이다.

② 대통령의 임기는 5년이며 중임할 수 없다.

③ 대법원장의 임기는 5년이며 중임할 수 없다.

④ 헌법재판소 재판관의 임기는 6년이며 연임할 수 있다.

7 다음은 무엇에 대한 설명인가?

- 조세저항이 적어 징수가 용이하다.
- 세 부담의 공정성 문제가 제기된다.
- 납세자와 담세자가 다르다.
- 비례세율의 적용으로 저소득층에 불리하다.

① 보통세　　　　　② 목적세

③ 직접세　　　　　④ 간접세

8 다음이 설명하는 것은?

- 상품거래량에 비해 통화량이 감소하여 물가가 하락하고 화폐가치가 오르는 현상이다.
- 생산이 위축되고 실업자가 속출하며, 실질임금이 증가하는 결과를 초래한다.

① 인플레이션　　　　② 디플레이션

③ 리플레이션　　　　④ 스태그플레이션

9 탈관료제의 형태가 서로 다른 것은?

① 하의 상달식 의사소통이 원활하다.

② 과업의 특성에 따른 지위를 부여한다.

③ 구성원들이 연결망을 통해 정보를 공유한다.

④ 일시적인 업무처리를 위해 조직된다.

10 우리나라 국회에서 국회의원 제명 의결을 위한 의사 결정 정족수는?

① 재적의원 과반수의 찬성

② 재적의원 2/3 이상의 찬성

③ 재적의원 과반수의 출석과 출석의원 다수의 찬성

④ 재적의원 과반수의 출석과 출석의원 과반수의 찬성

11 다음 사례에서 갑의 행위는 범죄가 아니다. 범죄가 성립되지 않는 이유로 가장 적절한 것은?

고등학생인 갑(만16세)은 골목에서 초등학생인 을이 괴한에게 납치당할 위기에 처한 것을 보고, 이를 제지하기 위해 괴한을 가방으로 가격하였다. 갑의 행위로 을은 납치를 면했지만 괴한은 전치 3주의 상처를 입었다.

① 긴급피난　　　　② 자구행위

③ 정당방위　　　　④ 피해자승낙

12 다음과 같은 특성을 지닌 시장 형태로 가장 적절한 것은?

- 소수의 공급자
- 치열한 비가격 경쟁
- 담합 가능성이 있음

① 독점 시장　　　　② 과점 시장

③ 완전 경쟁 시장　　④ 생산 요소 시장

13 ⑦~ⓒ의 유물에 대한 설명으로 옳은 것은?

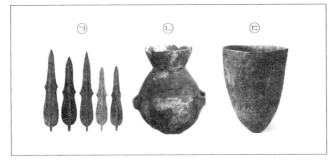

⑦   ⓒ   ⓒ

① ⑦ – 한반도 안에서 독자적인 발전을 이룬 청동기 형태이다.
② ⓒ – 애니미즘과 토테미즘이 등장하던 시기에 처음 제작되었다.
③ ⓒ – 주춧돌을 사용한 집터에서 주로 발견된다.
④ ⑦ⓒ – 우리 민족이 최초로 세운 국가의 특징적인 유물이다.

14 각 나라별 생활과 풍속에 대한 설명으로 옳지 않은 것은?

① 고조선 – 남에게 상처를 입힌 자는 곡식으로 갚게 하였다.
② 동예 – 다른 부족의 영역을 침범하면 노비와 소, 말로 변상하게 하였다.
③ 부여 – 길흉을 점치기 위해 소를 죽였고, 매년 10월에 제천행사를 열었다.
④ 삼한 – 공동 노동을 위한 두레라는 조직이 있었으며 5월과 10월에 계절제를 치렀다.

15 시기 순으로 바르게 나열한 것은?

> ⑦ 고구려의 흥안령 일대 장악
> ⓒ 백제의 사비 천도
> ⓒ 신라의 마운령비 건립
> ⓔ 전기 가야 연맹의 약화

① ⑦→ⓔ→ⓒ→ⓒ
② ⑦→ⓔ→ⓒ→ⓒ
③ ⓔ→⑦→ⓒ→ⓒ
④ ⓔ→⑦→ⓒ→ⓒ

16 고려 지배계층의 변화를 토대로 하여 괄호 안에 들어갈 세력에 대한 설명으로 옳지 않은 것은?

> ( ) → 무신 → 권문세족 → 신진사대부

① 과거제, 음서의 혜택, 공음전을 토대로 세력을 유지하였다.
② 불법적으로 노비를 소유하고, 대농장을 가지고 있었다.
③ 이들의 출신은 지방호족이나 6두품 계열로 구성되었다.
④ 상호 세력 간의 혼인 및 왕실 간의 혼인을 주도하였다.

17 다음과 같은 생활을 한 사람들의 경제적 기반이 되는 것으로 옳지 않은 것은?

> 재상가에는 녹(祿)이 끊이지 않았다. 노예가 3천명이고 비슷한 수의 호위군사(갑병)와 소, 말, 돼지가 있었다. 바다 가운데 섬에서 가축을 길러 필요할 때 활로 쏘아서 잡아먹었다. 곡식을 꾸어서 갚지 못하면 노비로 삼았다.
> – 신당서 –

① 녹봉   ② 녹읍
③ 식읍   ④ 정전

18 다음 정책들을 실시한 공통적인 목적으로 옳은 것은?

> • 녹읍을 폐지하고 관료전을 지급하였다.
> • 일반 백성에게 정전을 지급하고, 국가에 조를 바치게 하였다.
> • 지방관으로 하여금 민정문서를 작성하게 하여 남녀별·연령별의 인구와 가축, 유실수 등의 수를 3년마다 한 번씩 통계를 내게 하였다.

① 농민생활의 안정
② 지방세력가의 성장 억제
③ 대토지 소유의 발달 억제
④ 노동력과 생산자원에 대한 국가의 지배력 강화

19 다음과 같은 기록이 남겨져 있는 사회의 모습에 대한 설명으로 옳은 것은?

> 이 고을의 사해점촌을 조사해 보았는데, 지형은 산과 평지로 이루어져 있으며 마을의 크기는 5,725보, 공연의 수는 합하여 11호가 된다. 3년간에 다른 마을에서 이사 온 사람은 둘인데 추자가 1명, 소자가 1명이 있다.

① 골품제도로 능력보다 신분이 중시되었다.
② 호구조사는 20년마다 이루어졌다.
③ 장례는 유교전통에 따라 치루어졌다.
④ 자연재해시 왕이 교체되기도 하였다.

20 발해와 관련된 역사적 사실로 옳지 않은 것은?

① 일본에 보낸 국서에서 고려국왕임을 자처하였다.
② 문왕 때에는 당나라와 친선관계를 맺으면서 정치체제를 정비하였다.
③ 무왕 때에는 대부분의 말갈족을 복속시키고 요동지역으로 진출하여 해동성국이라 불리었다.
④ 발해 유적지에서는 온돌 장치나 돌방무덤 등이 발굴되었다.

21 다음 중 고려시대의 역사서에 대한 설명으로 옳지 않은 것은?

① 제왕운기 – 우리나라의 역사를 단군에서부터 서술하면서 우리 역사를 중국사와 대등하게 파악하였다.
② 동명왕편 – 고구려 건국 영웅의 업적을 서사시의 형태로 저술하였다.
③ 해동고승전 – 삼국시대의 승려 30여 명의 전기를 수록하였다.
④ 사략 – 개혁을 단행하여 왕권을 중심으로 국가질서를 회복하려는 의식이 반영되었다.

22 조선시대의 다음 제도를 실시한 공통적인 목적은?

㉠ 향·소·부곡 폐지	㉡ 도첩제
㉢ 호패제도	㉣ 노비변정사업

① 농민에 대한 토호의 사적 지배 방지
② 유민의 단속과 민란의 방지
③ 양인 확보를 통한 국역대상자의 증가
④ 권문세족의 약화를 통한 경제적 불평등의 완화

23 다음 독립운동의 공통점으로 옳은 것은?

> • 2·8독립선언
> • 3·1운동
> • 6·10만세운동
> • 광주학생항일운동

① 사회주의계가 주도하였다.
② 종교계 지도자가 주도하였다.
③ 국내에서 전개된 독립운동이다.
④ 학생들의 적극적인 참여가 있었다.

24 다음의 조약이 체결된 이후에 전개된 상황으로 옳은 것은?

> 첫째, 일본은 필리핀에 대하여 하등의 침략적 의도를 품지 않으며, 미국의 필리핀 지배를 확인한다.
> 둘째, 극동의 평화를 위해 미·영·일 삼국은 실질적인 동맹 관계를 확보한다.
> 셋째, 러·일전쟁의 원인이 된 한국은 일본이 지배할 것을 승인한다.

① 단발령과 명성황후 시해로 인해 의병운동이 발생하였다.
② 유길준과 부들러에 의해 한반도 중립화가 제시되었다.
③ 일본에 의해 한·일의정서가 강제로 체결되었다.
④ 일본은 통감부를 설치하여 우리의 외교권을 박탈하였다.

25 다음 내용을 통해 알 수 있는 종교단체는?

> • 이용구가 일진회를 조직하며 내부 분열이 발생
> • 대한제국 말기에는 '만세보'라는 일간지를 발간
> • 일제 식민 지배를 전후로 하여 항일무장투쟁 전개
> • 일제강점기에는 소년운동을 주도

① 천도교   ② 대종교
③ 원불교   ④ 천주교